JN437137

모란을 위하여

김천일 모란, 52×40㎝, 한지 채색, 2011.

모란을 위하여

김재석 시집

문학들

시인의 말

봄날 어머님 핑계를 대고 세 권의 시집을 발간하였다. 그러니까 2월에 『마량미항』, 3월에 『당당한 영랑생가』 그리고 4월에 『그리운 강진만』을 세상에 뱉어 낸 것이다. 가족들의 질타를 받았을 뿐만 아니라 시집 좀 쉬어 가면서 내라, 동료 시인들에게 욕먹는다는 선배 시인의 충고도 받았다. 어머님이 생존해 계실 때도 좋은 말을 듣지 못했다. 내게 직접 "아무도 환영 안 한다 책 좀 자그마니 내라"고 하셨다. 내가 없는 자리에서 며느리에게 돈 많이 쓴다며 귀엣말도 하셨다. 그럼에도 불구하고 내가 책을 내는 것은 어머님에게 보이고 싶어서였다.

4월 초 『그리운 강진만』을 출판사에 보내 놓고 지루한 시간을 보내고 있었다. 책이 출간되기를 기다리는 동안 내 고향 강진 보은산에서 딱따구리가 나무를 쪼는 소리가 들린다는 신문기사를 접하였다. 그날 밤 쓴 시가 「보은산 딱따구리」였다. 이 시를 연작으로 5편을 쓴 뒤 '보은산 딱따구리와 보낸 한나절'이란 제목을 달았다. 결국 보은산과 관련된 시를 쓰게 된 계기가 된 것이 바로 '보은산 딱따구리' 기사였다.

강진의 북쪽에 있기에 강진 사람들에게 북산으로 불리는 보은산에는 우두봉, 고성사, 돌샘, 고성골방죽, 병풍바위(기차바위), 비둘기바위(구암정), 북산동굴, 양무정, 금서당 그리고 동은별장 등이 있다. 강진읍에는 외지 사람들과 신세대들에겐 익숙하지 않은 이름인 버버리깎음이 있고 지금은 사라진 낙화정,

연방죽, 하마보, 귀환동포가 있었다. 이러한 지명이 전후세대인 내 나이 정도의 사람들에게는 기억에 남아 있지만 나보다 한 세대 뒤에 태어난 사람들에게는 기억에서 완전히 사라졌을 것이다. 우리들의 기억 속에 이름만으로 남아 있는 곳들이 잊히지 않게 하기 위하여 쓴 시가 바로 강진읍 관련시이다.

『당당한 영랑생가』를 급하게 출간하고 나서 영랑 시의 제목이나 시어를 차용 또는 변용한 시를 쓰지 않았다는 것을 알았다. 그래서 접근한 것이 2부의 시들이다. 영랑이 없었으면 단 한 편도 태어나지 않았을 시들이다. 3부의 시는 금릉팔경이다. 『내 마음의 적소, 동암』에 단시조로 쓴 금릉팔경이 실려 있다. 이번에는 시로 금릉팔경에 접근해 보았다. 그냥 직관에 의해 편하게 썼다. 마지막 4부는 『그리운 강진만』 시집 출간 시 편수가 너무 많아 제외시켰던 시들이다. 길거나 동일한 제목의 시들을 제외시켰는데 이번 시집에 함께 묶었다.

강진의 문화와 자연에 대한 시집들을 내면서 '모란'이 들어가는 제목의 시집을 내고 싶었는데 이 시집으로 그 꿈을 이룬 셈이다. 강진 사람들은 이 시집을 통하여 옛추억을 되새김질할 수 있는 기회를 갖게 될 것이다. 고인이 된 어머님과 내 고향 강진의 산하에 이 시집을 바친다.

2015년 5월

작시치作詩痴 김재석

차례

제2부 모란이 지기까지는

제3부 금릉팔경

제4부 죽섬이 외박을 하다

제1부 보은산 딱따구리와 보낸 한나절

시론

– 시건방진 詩

한때
내게 고분고분 말을 잘 듣던 시가
이제 말을 듣지 않는다

저도 많이 컸다고
시건방진 시가
언젠가부터
나를 같잖게 여긴다

내가 불러도
듣는 둥 마는 둥,
간혹 가소롭다는 듯
콧방귀를 뀐다

맨날 동어반복에
구태의연한 사고를 벗어나지 못하는
내가
지겹다는 표정이다

아예
내게 등 돌릴 생각을 하는
저 시건방진 시의 마음을
어떻게 되돌리나

타화상他畵像

– 시인 K

이카루스의 날개인
詩로
겁 없이 날다가

썩은 동아줄인
詩를
붙들고 늘어지다가

나락으로
떨
어
지
다
니

보은산寶恩山

주몽을 꿈꾸는 양무정까지
나를 불러냈으면
활이라도 내 손에 쥐어 줄 것이지

전서구를 꿈꾸는 구암정까지
나를 불러냈으면
올리브 잎이라도 내 눈에 보여 줄 것이지

골드러쉬를 꿈꾸는 동굴까지
나를 불러냈으면
채플린 닮은 사내라도 만나게 해 줄 것이지

안중근을 꿈꾸는 기차바위까지
나를 불러냈으면
칙칙폭폭 소리라도 낼 것이지

불만을 토하는 나를
기차바위에 싣고 돌샘에 이르고
고성사를 거쳐 우두봉에 내려놓네

보은산 딱따구리와 보낸 한나절

1

따따따 따따따
따발총을 쏘아 대는
보은산 딱따구리의
진지는
어디에 있나

정전 협정 맺은 지,
빨치산이 전멸된 지
언제인데
따따따 따따따
따발총 소리가 이따금 들리니

게다가
보은산 딱따구리가
아군인지,
적군인지

구분이 안 되니

아군도,
적군도
내 동포 내 형제인데
일단 피하고 봐야 하니

비둘기바위는 증발해 버려
내 몸을 은폐할 수 있는 곳은
기차바위와
동굴뿐인 것을

따따따 따따따
따발총을 갈겨 대는
보은산 딱따구리의
진지는
어디에 있나

2

따따따 따따따

살구꽃이 떨어지는 것이
소리 나는 쪽으로 고개를 돌리다
떨어지는 건지

따따따 따따따

살구꽃이 떨어지는 것이
따발총의 탄환에 맞아
떨어지는 건지

따따따 따따따

춘곤증에 졸던
마을이

잠이 깬 건 사실이나

따따따 따따따

살구꽃이 떨어지는 사유는
무엇인지
알 수 없으니

3

따따따 따따따

보은산 딱따구리가
따발총을 쏘아 대도
어디에서
비명 소리 들리지 않는 걸 보면

따따따 따따따

보은산 딱따구리가
따발총을 쏘아 대도
누가 피 흘리며 쓰러졌다는
소문 들리지 않는 걸 보면

따따따 따따따

나를 제외하고는
산책하는 행인들
누구도
피하지 않는 걸 보면

따따따 따따따

보은산 딱따구리가
겁주려고
빈총을 쏘아 댄다는 걸

다 알고 있단 말인가

4

따따따 따따따

따발총을
막무가내 쏘아 대는
딱따구리의 진지를 찾느라
내 마음이 귀를 곤두세운다

따따따 따따따

솔 숲 사이
은폐와 엄폐를 일삼으며
내 마음이 낮은 포복으로
소리 나는 쪽으로 향한다

따따따 따따따

누구의 엄호도 없이
대항할 무기도 없이
내 마음이
딱따구리의 진지를 찾아간다

따따따 따따따

저게 무슨 짓인지
주둥이로 나무에다 구애를 하는지,
폭행을 하는지
내 마음이 헷갈리는 것을

5

따따따 따따따

따발총을 쏘아 대는
보은산 딱따구리의 진지를 찾고 보니
딱따구리가
모르스 부호를 날리고 있다

따따따 따따따

어느 틈에
어디에다
따발총을 감추었나,
따발총이 눈에 띄지 않는다

따따따 따따따

내 귀에
따발총 소리로 들린 저 신호가
무슨 뜻인지
알 수 없으니

따따따 따따따

보은산 딱따구리가
날리는
모르스 부호를
해독할 수 있는 이는 없나

* 여기에 실린 시들은 개별적으로 「보은산 딱따구리」란 시가 될 수도 있다.

현구 시인 옛집의 봄

꽃나무들의
꽃이
꽃구경을 나왔다

꽃이 피기를 기다리는
꽃들이
꽃이 지기 전에
꽃구경을 나온 꽃들이
꽃구경을 한다

피고 지고
피고 지고

서로
꽃구경하는 꽃들을
꽃들이
꽃구경하러 나온다

고성사 범종각에 기대어

내가
고성사 범종각에 기대어
구강포의 죽섬을 눈요기하다가
들통나리라
누가 생각이나 했겠는가

죽섬이
들통 난 나에게
눈길 주는 줄 알았더니
고성사 범종일 줄이야

죽섬이
고성사 범종과 열애 중인 것을
미처 몰랐으니
내가 착각으로 일관할 수밖에

고성사 범종은
죽섬과 눈빛만 주고받는 게 아니라

하루에 두 차례
당목으로 제 몸을 때려
죽섬까지 가는 것을

고성사 범종각에 기대어
내가 바라보는 것이
구강포이지 죽섬이 아니라고
핑계를 대리라
누가 생각이나 하겠는가

보은산방 가는 길

보은산방 가는 길,
나를 한눈팔게 하는 것들이 있다

못 본 척 외면하고 갔다간
구설수에 오르지,
건방진 자식이라고

조금만
처신 잘못했다간
입방아에 오르지

차라리
서로 아는 사이가 아니라면
욕먹을 리가 없는데

털진득찰,
주홍서나물,
꽃향유,

잔대,
참취,
쑥부쟁이,
구절초,
부처꽃,
물봉선

보은산방 가는 길,
나의 발목을 붙드는 것들이 있다

돌샘

머리끝에서 발끝까지
분노로 가득 찬
솔잎만 대도 터져 버릴 것 같은
나를 보고
돌샘이 중얼거린다

뭔 일이 있구만
뭔 일이 있구만

보은산방 뵈러 가는 길에
그냥 갈 수 없어
들렀다 해도
돌샘이 중얼거린다

내 눈은 못 속여
내 눈은 못 속여

내가 원래 인상 쓰는 버릇이 있어

남들에게 오해를 산다고
별일 없다고
걱정 마시라 해도
돌샘이 중얼거린다

사고 치지 마라
사고 치지 마라

고성골 방죽

내 마음의 반디아미르,
고성골 방죽이
보은산방 가는 나의 발목을 붙드네

소싯적,
고장 난 고성골 방죽이
마을 사람들에 의해 수선되는 것을
지켜보았네

등짐을 진
다라에 흙을 얹은
오고 가는 암수의 발자국들이
고성골 방죽을 수선하였네

멀리는 해와 구름이
가까이는 갈대와 꽃나무들이
제 얼굴을 들여다보고 만족해하는
고성골 방죽

고성골 방죽은
내 마음의 반디아미르,
보은산방 가는 나의 발목을 붙드네

* 반디아미르 : 아프카니스탄의 바미얀에 있는 호수로 '왕의 보석'란 뜻이다.

서문안 팽나무

고성골 방죽 가는 길
누구도 모르게
허공의 영역을 야금야금 차지하다가
나에게 들통난 팽나무가
멋쩍은 듯
눈빛을 보낸다

어디 가는 길이니,
어디 가는 길이니

모른 척 그냥 지나갔다가는
욕먹을 것 같기에,
속이 들여다보일 것 같기에
팽나무에게
나도
눈빛을 보낸다

방죽에 바람 쐬러,

방죽에 바람 쐬러

보은산 소쩍새

소쩍 소쩍 소쩍

내 서재에 들어와
내 마음을 이리 흔들어 놓아도
제자리로 돌아가
코 골고 잠들 자신이 있는데

소쩍 소쩍 소쩍

문고리 잠긴
고성사 선방에 들어가
마음의 문마저 잠근
범종 스님을 흔들어 놓으면
범종 스님은 어떻게 대처할까

소쩍 소쩍 소쩍

너나 잘 해라

너나 잘 해라
너나 잘 해라

소쩍 소쩍 소쩍

저것들이
내 마음을 어떻게 읽고
저리 응수하는지,
저리 응수하는지

보은산 소쩍새

소쩍 소쩍 소쩍

오늘은 내 서재에 들어와
책을 못 보게
깽판을 부릴 줄
누가 생각이나 했겠는가

소쩍 소쩍 소쩍

어젯밤에는
그깟 같잖은 시 써서 무얼 하냐며
그깟 가소로운 시 써서 무얼 하냐며
아무짝에도 쓸모없는 시 써서 무얼 하냐며
시비를 걸더니

소쩍 소쩍 소쩍

오늘밤에는

'자본' 을 만나고 있는데
이 나이에 '자본' 을 만나
어디다 써먹을라고 이리 낑낑대냐며
나를 놀리다니

소쩍 소쩍 소쩍

내일 밤에는
무슨 일로 나를 괴롭힐지
내가 미리 알면
대책을 세울 텐데
전혀 감이 오지 않으니

보은산 뻐꾹새

뻐꾹 뻐꾹 뻐꾹

아무런 대책 없이
찔레꽃 여기저기 불러내어
고성사 범종 스님 뵈러 가는
나의 발길을 붙들게 하더니

뻐꾹 뻐꾹 뻐꾹

고성사 선방에서
범종 스님과
한담 나누고 있을 때
허락 없이 선방에 들어와
주책없이
나보다 먼저 찻잔에 입을 대더니

뻐꾹 뻐꾹 뻐꾹

남의 이야기 엿듣는 것
누구나 싫어하는 것 알면
한 잔 정도만 입에 대고
물러날 일이지
매 잔마다 입을 대더니
심지어 빈 잔에 드러눕더니

빼꾹 빼꾹 빼꾹

오늘은 버스 터미널에서 나와
치즈 케익을
뚜레쥬르에서 만날 것인가
파리바게트에서 만날 것인가
결정 못하고 있을 때
교대로 만나라고
남의 일에 끼어들다니

보은산 소쩍새 첫울음 소리

다들
귀를 곤두세우고 있다

곡우가 지났는데도
소식이 없다

동백나무도
생강나무도
앵두나무도
진달래도
벚나무도
귀를 곤두세우고 있는데
걱정스러운 눈빛이다

봄산에
내가 모르는
무슨 일이라도 났나

보은산 소쩍새 첫울음 소리
내가 놓쳤나 싶어
고성사 범종 스님에게 전화를 드렸더니
반야심경般若心經만 흘러나온다

기차바위

내 눈빛이
무임승차를 하였다

기관사도
검표원도 보이지 않는다

간식을 파는
판매원도 보이지 않는다

내 눈빛 외에
아무런 승객이 없다

나를 두려움에 떨게 하는
기차바위

기차바위를 몰던
그 많던 아이들은 다 어디 갔나

몇 량인지
세어 볼 맘이 나지 않는다

* 기차바위 : 옛날에는 병풍바위라 불렸다. 영랑생가 뒤에서부터 북산에 이르기까지 대나무가 많았다. 호랑이가 사람을 물어와 기차바위를 밥상 삼아 사람의 몸을 해체시켜 먹었다. 호랑이가 다 먹어 치우기 전에 마을 사람들이 몰려가 사람의 시체를 찾아오는 경우도 있었다(박기재 선생님이 할머니에게 들은 이야기이다).

구암정

삼일운동 만세 소리가
비둘기바위,
이곳에서 시작한 것은
그대가 임무를 제대로 수행한 거지
만세 소리가
바로 올리브 잎이란 말이여
일제강점기는 흉흉한 바다이고
강진은 바다를 떠다니는
방주인데
비둘기바위에서
만세를 부른 것은
조선독립이라는 올리브 잎을
물어온 거지
그대를 만나면 또
검정비둘기, 현구를 만난 셈이지
그대 품에서
강진만을 바라보니
임이여 강물이 퍼렇습니다의

콧수염에 안경을 쓴 현구가
내 앞에 얼굴을 내미는 것을
내가 어떻게 말릴 수 있겠는가

북산 동굴

한때 골드러쉬를 꿈꾸었을
그대가 門이 없기에
'열려라 참깨' 와 같은 암호를
가질 필요가 없지

허클베리핀이 되어
그대를 탐사하고 싶은데
이순의 강이 코앞인데
뭔 짓이냐는 말이
나의 뒤통수를 때리니

고향 이타카로 돌아가는 길에
오디세이가 괴물에게 붙들렸다가
'Nothing' 이라고 기지를 발휘해
위기를 모면하듯이
모험을 해 보고 싶은데
그대가 섬이 아닌 육지에 있으니
사이렌을 만날 기회가 전무인 것을

그대 안에 들어가
스스로 쇠사슬로 내 자신을 묶고
플라톤의 동굴을 맛보고도 싶지만
함께할 동료들이 없으니
그냥 돌아갈 수밖에

양무정陽武亭

집 나와
오갈 데 없는 나를
재워 준 이가
바로 그대이지

날 타일러 집에 돌아가게 했으면
더욱더 좋았을 걸
내가 너무 심각하여
미처 생각하지 못했겠지

집 나간 아들을 찾아다니는
어머님의 눈물 바람을
가장 가까이서 본 이가
그대이지

슬픔으로 무장한
열일곱 살 편모슬하의 삶을
그대가 알고 있기에

나를 나무라지 않은 것을

그리 많은 시절이
흘러간 뒤에도
나를 알아보는 것은
나의 슬픔이 남달랐기 때문이지

그날의 숙박비를
무엇으로
갚아야 하나,
이자까지 갚고 싶은데

금서당琴書堂

영랑생가 사랑채의 주련이
하늘에서
떨어진 것이 아니라
그대가 발원지이구만

林茂鳥知歸,
水深魚自樂,
非貪眼界寬,
直臣心期遠,
執衽采藥決渠灌花

어린 영랑에게
두보, 왕유 그리고 사마광을 만날 수 있는
능력을
그대가 길러 준 것을

강진을 화폭에 담은
장자를 가까이 한

김영렬 화백의 둥지로 변신하여
그대는 살아남았지

빈 배인 김영렬 화백의 손길로
강진만이 아니 강진이
그대를 둥지 삼아
살아 숨 쉬고 있구만

* 임무조지귀林茂鳥知歸 : 숲이 짙으면 새가 날아든다. (두보, 「임무조유귀林茂鳥有歸」)
* 수심어자락水深魚自樂 : 물이 깊으면 고기가 헤엄치기 좋다. (두보, 「견흥遣興」)
* 비탐안계관非貪眼界寬 : 탐욕을 버리면 안개가 걷힌다. (왕유, 「안계금무염 심공안가미」)
* 직신심기원直臣心期遠 : 강직한 신하는 마음으로 먼 날을 기약한다. (왕유, 「남사南史」)
* 집임채약결거관화執衽采藥決渠灌花 : 옷소매 걷어 올리고 약초를 캐고 개울물 막아 꽃에 물을 준다. (사마광, 「독락원기獨樂園記」)

(「강진 답사 생생한 가이드 북 친절한 길라잡이」에서 발췌)

버버리깎음

총을 들이대는
인민군을
경찰을
물리치지 못했다

강진의
궂은일을
다 지켜보았다

아무리 말 못한다고
아무리 못 듣는다고

보는 데는
아무런 지장이 없는 것을

피비린내를 맡는 데는
아무런 지장이 없는 것을

만세 소리
무성한
삼일운동 기념탑은
기꺼이 떠맡았다

동은별장의 혼잣말

– 비 오는 날

강진을 한눈에 내려다보며
꿈을 키웠다

구강포의 죽섬과 눈 마주치며
하루를 시작하였다

仁과 不仁 사이를 오고 가느라
잠 못 이루는 밤이 많았다

조선 제1의 부호를 꿈꾸다가
가난한 이웃들로부터
원한도 샀다

세브란스 병원에 돈을 기부하여
그 뜻이 이 겨레에게 길이길이 빛나리란
비명碑銘도 받았다

일제강점기, 시대를 잘못 만나서도

큰 꿈을 이루었다

육·이오가
화무십일홍이
뭔가를 확실하게 보여 주었다

* 동은東隱 : 일제강점기 부호 김충식의 호이다.

蓮방죽

그 옛날 우체국 앞 팽나무의 거울인
연방죽은
생각이 깊다

제 몸을 메꾸고 메꿔
책의 숲인
강진 도서관을 낳았다

정자도
등나무 아래 벤치도
낳았다

모란이 피기까지란
임이여 강물이 몹시도 퍼렁습니다란
시비도
낳았다

와우형상, 강진의 배꼽인

연방죽은

제 몸을 줄이어

살아남았다

사의재 수선화

동문매반가와 사의재,
주객이 전도된
사의재 뜰
내 눈빛에 딱 걸린 수선화가
내게 다산과 추사를 함께 안겨 준다
금강안 혹리수 추사가
일사이적 이전 다산에게
청자 그릇에
수선화를 담아 보낸 뜻은
촉기 있는 추사가
전도유망한 다산을 알아보았나
결과는 두 사람의 생이
군현안치와 위리안치를 피하지 못했지
추사는 제주바다 건너 대정현 맛에
보너스로 북청 맛까지 본 것을
유배가 양이 아니라 질이라면
추사는 다산을 경신하였지
주객이 전도된

사의재 뜰
내 눈빛에 딱 걸린 수선화가
오히려 나를 붙들고 놓아주지 않는다

하마보下馬洑가 증발하다

강진중학교 가는 길에
자주 만났던
하마보가 증발하였다

향교鄕校 쪽에서 흘러내려 온
인의예지仁義禮智의 물과
동성리 하수구 세속世俗의 물이
불화 끝에
결국은 한 몸이 되던
하마보가 사라졌다

마음씨 착한
하마보가
자신을 메꾸고 메꿔
사람들에게 보금자리를 마련해 주었다

바보란 말을 들을 정도로
마음씨 착한

하마보가
자신을 메꾸고 메꿔
지상에서 사라져 버렸다

인의예지仁義禮智의 물과
세속世俗의 물이 만나
하나가 되던
하마보가 증발하였다

꿈에 만난 동문 안 큰샘 빨래터

이순의 江을 건넌 내가
서른다섯의 젊은 어머니를
동문 안 큰샘 빨래터에서
만난다

엄니,
엄니 불러도
뒤도 안 돌아보시고
빨래를 하신다

수다 떠는
아낙들 옆에서
물놀이하는
다섯 살의 나

젖이 부른
산모처럼
물이 철철 넘치는

동문 안 큰샘

지금보다 오십오 년이나
더 젊은 팽나무가
드러난 아낙들의 허리춤을
다 내려다본다

귀환동포

방 한 칸
정재 한 칸

우두봉과 구강포가
씨줄과 날줄이 되어
이엉을 이어 주었다

하마보가 손 내밀면 닿는
귀환동포

그것도 어디라고
그것도 어디라고

뺑튀기 기계가 둥지를 튼
귀환동포

이름만 남고
어디론가 다 증발하였다

* 귀환동포歸還同胞 : 해방 후 고국에 돌아온 동포라는 뜻이나 마을 이름처럼 불렸다.

물매

금곡사의 물매가 더 셌는지
고성사의 물매가 더 셌는지
기억이
잘 나지 않는 것을

금곡사 물매는
암수가 따로 있었지만
고성사 물매는
암수가 따로 없었지

더위 먹은 내가
자세가 흐트러져 있을 때에
물매가
정신을 바짝 나게 했지

누가 뭐래도
금곡사 물매도
고성사 물매도

나의 삶에 기여하였지

고성사의 물매가 더 셌는지
금곡사의 물매가 더 셌는지
기억이
잘 나지 않는 것을

돌담한정식

영랑생가 가는 길에
새로 태어난
돌담한정식의 곁요리는
돌담에 소색이는 햇발같이

가격에 상관없이 기본으로 오르는 찬은
모란이 피기까지는,
마당 앞 맑은 새암을,
오-매 단풍 들것네,
사개 틀린 고풍의 툇마루에

가격에 따라 다르게 오르는 찬은
내 마음을 아실 이,
물 보면 흐르고 별 보면 또렷한,
끝없는 강물이 흐르네,
빈 포켓에 손 찌르고,
거문고,
춘향,

청명,
강물,
오월,
제야

영랑의 시를 입으로 맛보이기 위하여
새로 태어난
돌담한정식의 입가심은
숲향기 숨길을 가로막았소

비 내리는 금강사錦江祠

화살을 퍼붓듯 비가 내린다

약속이나 한 듯
충무공과
현무공이
자리를 피하지 않는다

갑자기 세상이 어두컴컴해진다

한두 번 겪어 본 일이 아니라는 듯
충무공과
현무공이
눈 하나 깜박이지 않는다

어둠 속 천둥, 번개가 친다

必死則生必生則死를 가슴에 새긴
충무공과

현무공이
겁먹지 않는다

벚꽃

– 깐치내재

앞산
꼬리 내리고

뒷산
꼬리 들고

제2부　모란이 지기까지는

모란을 위하여

– 모란이 나를 위하여 무엇을 해 줄 것인가 기대하지 말고
모란을 위하여 내가 무엇을 할 것인가 생각 중이다

내 마음의 양탄자를 타고
영랑생가로 날아갈까

내 마음의 램프를 문질러
지니에게
영랑생가를 내 앞에 불러오게 할까

모란
모란

내가 눈을 감고
이름을 부르기만 해도
이미 꽃인 모란이
뭉게구름처럼 모락모락 얼굴을 내민다

얼굴은 내밀어도
대답을 않는 것은

세상 모든 꽃이 다 입을 봉하는데
모란만 입을 열 수 없기 때문이다

소쩍새 첫울음 소리와
뻐꾹새 첫울음 소리 사이
만개滿開하는
모란

모란
모란

모란이
하냥 섭섭해 울지 않도록
인상을 펴고 맞이해야지

봄날, 영랑생가에서

벌, 나비는
모란이 피워 있는 동안에
모란을 방문하지만
사람들은 시도 때도 없이
모란을 방문하는 것을

햇살이
돌담에 속삭이는 것을
'돌담에 소색이는 햇발같이' 란
시를 아는 사람만 듣지
모르는 사람은 듣지 못하지

햇살이
속삭이는 소리도
들리는 듯
안 들리는 듯 속삭이니
뭔 말인지 도무지 이해 못하지

내 마음의 한편에
끝없는 강물이 흐르네의
동백잎에 빛나는 마음도
모란이 피는 걸 보려고
여태 지지 않고 기다리고 있는 것을

늦봄 모란이 얼굴 내밀 때까지
바통을 주고받듯
피고 지고를 반복한 덕에
동백꽃은 금방 시들지 않고
늦봄까지 살아남은 것을

* 소색이다 : 강진 방언으로 '속삭이다'의 뜻이다. 영랑의 시어를 그대로 차용하였다.

영랑시집, 모란이 피기까지는

모란의
모란에 의한
모란을 위한
영랑생가의 모란은
화무십일홍이나
영랑시집은 불멸이다

촉기 있는
물 보면 흐르고,
동백잎에 빛나는 마음,
오월

반반한
돌담에 소색이는 햇발같이,
모란이 피기까지는,
내 마음을 아실 이

당당한

毒을 차고,
거문고,
춘향

모란의
모란에 의한
모란을 위한
영랑생가의 모란은
화무십일홍이나
영랑시집은 영생이다

모란이 피기까지는

반반한 햇빛이 불러낸다 하여
호락호락 얼굴 내미는 게 아니라
봄이 확실하게 온 뒤에
얼굴 내미는 것을

햇빛이 불러내니
성급하게 얼굴 내밀어
뒤통수 맞은 꽃나무들과 들풀들의
푸념을 다 들은 것을

매화가
눈발 속에 떨고 있는 것도
살구꽃이 비바람에 떨어지는 것도
저만치서 다 지켜본 것을

무엇을 못 믿기도 하지만
아무리 조심해도 지나치지 않다는
생각이 앞서

얼굴 내밀지 않은 것을

당당한 햇빛이 불러낸다 하여
호락호락 얼굴 내미는 게 아니라
봄이 틀림없이 온 뒤에
얼굴 내미는 것을

모란이 피기까지는

반반한 햇빛이 구애하듯 불러내도
못 찾겠다 꾀꼴, 할 때까지
꼭꼭 숨어
일제히 얼굴 내밀지 않았지

안에 있는 줄 안다고
그냥 나오라고 해도
정말 아무도 없는 것처럼
얼굴 내밀지 않았지

햇빛이 화가 나
다시는 상대하지 않겠다고
우리가 아쉬울 게 뭐가 있냐고
다짐하기 직전에 얼굴 내밀다니

화가 머리끝까지 난
햇빛이 등 돌리기 직전에
얼굴 내밀어

화를 누그러뜨리는 것을

어디 급한 일이 있어도
다 제쳐 놓고 나온 것처럼
누구에게도 말 못할
사연이 있는 것처럼 표정을 지으면서

모란의 눈빛 전언

– 영랑생가

누군들
일찍
세상구경 나오고 싶지 않으리오마는

햇살이
닦달을 한다 해서
일찍 얼굴을 내밀면
줏대 없단 말 들을 수 있지

내 생각이 긴지 짧은지 몰라도
내게도 생각이 있기에
너무 춥지도
너무 덥지도 않은 때에
얼굴 내미는 것을

햇살의 자존심도
챙겨 주어야 하기에
지나치지 않겠다 싶을 때

얼굴 내미는 것을

누군들
빨리
세상구경 나오고 싶지 않으리오마는

모란이 지기까지는

낮에는 햇빛의 구애에 시달리고
밤에는 달빛과 별빛의 구애에 시달렸지

낯짝을 보이지 않는
바람은
모란을 가만히 두었을까

눈 좋은 구름은
먼 하늘에서
쳐다보고만 있었을 것 같은가

모란이 얼굴 내미는데
한몫한 것들의 구애를
모란은 뿌리치지 못한 것을

결국은 끊고 맺기를
제대로 못했기에
고개를 숙이고 뒷걸음칠 수밖에

그렇다면
그들을 제외하고
누구와 열애를 한단 말인가

모란이 지기까지는

다른 꽃들의
눈총이 두렵다고
자세를 흐트릴 수도 없는 것을

조금만
자세를 흐트렸다간
여기저기 구설수에 오르기에

다들 긴장 속에
얼굴 내밀고 있어야 하니
어깨에 자꾸 힘이 들어가지

반반하다 말,
당당하다 말 듣기가
어디 쉬운 일인가

다른 꽃들의 눈총 견뎌 낼라
구설수에 오르지 않을라

신경 쓰다 보니 힘이 다하는 것을

모란을 위하여

– 영랑생가

모란이 거의 다 사라지고
몇 송이 남아 있지 않은 데도
내가 영랑생가를 찾아오는 것은
뻐꾹새 울음소리를
모란과 함께 맛보기 위해서이다

몇 송이 남은 모란마저 사라진 뒤에도
내가 영랑생가를 찾아오는 것은
뻐꾹새 울음소리를
떨어져 누운 꽃잎과 함께
맛보기 위해서이다

함께 맛볼 수 없는
한 발 앞선 소쩍새 울음소리야
나는 나대로
모란은 모란대로
잠 안 자고 맛보았지

모란을 위하여
먼 나라에서 헐레벌떡 날아온
뻐꾹새 울음소리를
모란과 내가 함께 맛보았다는 것을
나는 입증하고 싶은 것이다

모란 옆에서

– 영랑생가

금년에
모란이 얼굴을 내밀기 시작한 것은
소쩍새 첫울음을 기점으로
일주일 전부터이다

작년에는
모란이 언제 얼굴을 내밀었는지 몰라도
금년에는
소쩍새 첫울음을 기점으로
일주일 전부터이다

어느 해는
소쩍새 첫울음을 놓치는 바람에
어느 해는
모란이 얼굴을 내밀기 시작하는 때를 놓치는 바람에
알아내지 못했다

소쩍새 첫울음을 놓치지 않으려

귀를 바짝 곤두세운 내가
모란이 얼굴을 내밀기 시작하는 것을
금년에는 놓치지 않았다

내년에는
모란이 언제 얼굴을 내밀지 몰라도
금년에는
소쩍새 첫울음을 기점으로
일주일 전부터이다

모란

– 비 오는 날

모를 일이다

눈 밝은 구름이
모란을 눈독 들여
먼 길을 걸어온 건지

모를 일이다

모란의 눈빛에 쏘인
하늘의 구름이
비 되어
먼 길을 걸어온 건지

모를 일이다

해와 달, 별빛의 이해를
구름이 구했는지
구름이 구하지 못했는지

모를 일이다

모란이 자리를 피하지 않고
그냥 그 자리에서
비를 맞이하는 이유를

모란

– 눈 오는 날

그 화려한 수식어는
다 삭제해 버리고
눈을 맞이하는 저 문장은
몇 형식일까

해와 달, 별빛, 받아내던
꽃과 잎,
삭제한 수식어는
어느 품사에 속할까

여러 해 만에 포기 나눔으로
생육하고 번식하는
저 벌거숭이 문장은
단문일까 복문일까

벌거숭이,
벌거숭이
벌거숭이 문장을 맛보려

먼 길을 마다 않는 눈

그 화려한 미사여구는
다 삭제해 버리고
눈을 맞이하는 저 문장은
몇 형식일까

홍모란과 백모란

해와 달, 별들의
눈빛에 똑같이 쏘이었는데
누구는 붉은빛이요
누구는 흰빛이라니

구름과 바람의
눈빛에 똑같이 쏘이었는데
누구는 붉은빛이요
누구는 흰빛이라니

누가 재앙을 부려
흰빛이 붉은빛으로 바뀌었나
누가 재앙을 부려
붉은빛이 흰빛으로 바뀌었나

봄날, 호기심 많은 나의
눈빛에 똑같이 쏘이었는데
누구는 붉은빛이요

누구는 흰빛이라니

* 영랑의 시 「뉘 눈결에 쏘이었소」를 차용하였다.

모란母蘭

어머니의 젖가슴만치나
큰 꽃을 가졌으니
나는 그대를 모란이라 부르리

어머니가 자식에게 젖을 물리듯이
해와 달, 별빛에게 젖을 물린
그대를
나는 모란이라 부르리

빗방울로 먼 걸음한 구름에게
민낯을 감춘 바람에게
젖을 물린 그대를 모란이라 부르리

누구도 몰래
누구도 몰래
나 혼자서만 모란이라 여기며
즐거움을 만끽하리

어머니의 젖가슴만치나
큰 꽃을 가진
그대를 나는 모란이라 부르리

마지막 모란 한 송이

보은산 뻐꾹새 마지막 울음소리를
맛보는 것이 의미가 있듯이
영랑생가 맨 나중 얼굴 내민 모란을
맛보는 것도 의미가 있지

맨 처음 얼굴을 내미는 모란이야
여럿이 지켜봐도
우열을 가리기가 너무 어려우니
찾는 걸 포기할 수밖에 없지

맨 나중 얼굴을 내미는 모란은
혼자 지켜봐도
맘만 굳게 먹으면
누구든 찾아낼 수 있지

일단 모란이 진 뒤에
떨어져 누운 꽃잎마저 시들어 버린 뒤에
얼굴 내미는 놈이 몇 놈 있으니,

그중의 하나이니

보은산 뻐꾹새 마지막 울음소리를
맛보는 것도 의미가 크지만
영랑생가 맨 나중 얼굴을 내민 모란을
맛보는 것도 의미가 크지

영랑생가 장꽝 옆 살구나무

그 많은
해와 달, 별빛 수장고 중에
안팎이 하나인 수장고가
살구이지

방문객들의
눈살에 쏘이어도
끄떡없이
제 할 일 다 하는 걸

오히려
해와 달, 별빛과 더불어
그 눈살마저
챙기는 걸

누군가
입맛 다시는 소리에
정신이

바짝 들기도 하지만

유월 장마에
해와 달, 별빛이
등 돌리는 게
두렵기도 하지만

그 많은
해와 달, 별빛 수장고 중에
안팎이 같은 수장고가
살구이지

돌담에 소색이다 들통이 나도

햇발이 돌담에 소색이다가
영랑에게
들통이 났소

영랑이
'돌담에 소색이는 햇발같이' 를 낳아
소문이 났지

햇발이 돌담에게
무어라 소색였는지
영랑은 알았을까

돌담에 소색이다
들통이 나도
햇발은 부끄러운 줄을 모르다니

재앙스러운
햇발은

참말로 능청스럽소

햇발이 돌담에게 뭐라 소색이는지

햇발이
돌담에게 뭐라 소색이는지,
누구 아는 사람 없나

햇발이
돌담에게 소색이는 걸
기록으로 남긴
영랑 선생 만나볼 길이 없으니

영랑생가 방문할 때마다
눈은 모란에 두고
귀는 돌담에 둬도
뭐라 소색이는지 알 수 없으니

모란은 알까,
동백나무는
은행나무는 알까

내 눈빛을 알아보지 못한
저들은
다 입을 봉하니

햇발이
돌담에게 뭐라 소색이는지,
누구 아는 사람 없나

뻐꾹새와 모란

뻐꾹새가 헐레벌떡 날아와
뻐꾹 뻐꾹 뻐꾹
첫울음을 토해 내는 것은
끝물 모란에게
자신을 맛보이려는 것이다

아니다
아니다

뻐꾹새가
끝물 모란을
맛보려는 것이다

오월

소쩍새가 울고 난 뒤
그 사연을 알기나 한 듯
이팝나무가
쑥버무리를 잔뜩 해 놓았다

헐레벌떡 날아온
뻐꾹새가 울기 시작했으니
머지않아
찔레꽃이 응답할 것이다

소쩍새 울음과
뻐꾹새 울음 밤낮으로 맛보고 가려고
여태 버티고 있는
꽃나무의 꽃들도 있다

유채, 장다리가
저리 오래 버티는 이유도
소쩍새 울음과
뻐꾹새 울음 둘 다 맛보려는 것이다

동백꽃똥구멍쪽쪽빠는새

– 영랑생가에서

영랑은 동백나무 바라보다가
마음의 어딘 듯
한편에 끝없는 강물이 흘렀건만
나는
동백꽃 똥구멍만 쪽쪽 빨고 있네

나는
동백꽃 똥구멍 쪽쪽 빨다가
동박새와
직박구리의 눈밖에 났건만
영랑은
누구의 눈밖에도 나지 않았네

나는
동백꽃똥구멍쪽쪽빠는새

나도
마음의 어딘 듯

한편에 끝없는 강물이 흐르면 좋으련만
동백꽃 똥구멍만 쪽쪽 빨고 있네

내가
동백꽃 똥구멍 쪽쪽 빠는 소리에
살구꽃이
고개 돌리다가 떨어지네

물 보면 흐르고

물 보면 흐르고
별 보면 또렷해야 할 마음이
물 보면 마시고 싶고
별 보면 따 먹고 싶은 것은
내 삶이 삼류이기 때문인가

살구꽃 보면 찰밥이 생각나고
이팝나무 보면
쑥버무리가 생각나는 것은
내 삶이 삼류라는 걸
또 한 차례 입증하는 것을

감나무를 보면
병아리빛 감꽃이 얼굴 내밀고
은행나무를 보면
황포돛대가 얼굴 내밀어
마음의 위로를 받기도 하지만

내 마음은 언제나
물 보면 흐르고
별 보면 또렷한 마음의 수준에
다다를까,
자신도 모르게

* 물 보면 흐르고 별 보면 또렷한 : 영랑의 시어이다.

영랑

영랑은 연예를 해도
최승희와 했다

놀아도
이광수와 놀고
정지용과 놀고
박열과 놀고
서정주와 놀고
박용철과 놀았다

이따금
서울에 가서
놀고
동경에 가서
놀았다

영랑은
노는 물이 달랐다

오-매 단풍 들것네

장꽝 옆 감나무를 바라보며
저걸 언제 따 먹나
다들 입맛을 다시는데
영랑은
'오-매 단풍 들것네'

장꽝 옆 감나무를 바라보며
저걸 언제 따 먹나
다들 먹을 탐만 앞세우는데
영랑은
'오-매 단풍 들것네'

* 오-매 단풍 들것네 : 영랑 시의 제목을 차용하였다.

사랑채 앞 은행나무의 눈빛 전언

– 영랑생가

사랑채 앞 은행나무가
내게
눈빛을 보낸다

– 저게 아닌 데
  저게 아닌 데

뭐가 저게 아니라는지
뭐가 저게 아니라는지

– 저게 아닌 데
  저게 아닌 데

계속 저게 아니라는데
계속 저게 아니라는데

– 저게 아닌 데
  저게 아닌 데

내 눈에 들어오는 것은
사랑채 이엉을 이는
일꾼 몇 뿐이다

* 영랑 선생의 삼남 김현철 선생은 영랑 가족이 강진을 떠나기 전에 영랑 생가 사랑채가 기와였다는 것을 증언하고 있다.

영랑생가 은행나무 유주乳柱

모르는 사이이면
그냥 지나가도 되지만
모르는 사이가 아니면
그냥 지나가지 못하지

우연히 나와 눈이 마주쳐
아는 사이인 은행나무 유주乳柱가
영랑생가 방문할 때마다
담장 앞으로 나의 발목을 붙드니

아무 데서나 만날 수 없는
저 은행나무 유주가
무슨 사연으로 태어났는지
무슨 까닭으로 태어났는지

내 눈결에 쏘여
안 넘어가는 나무가 많지 않은데
저 은행나무 유주는

끄떡하지 않는 걸 보면

대숲을 거느린
동백나무를 거느린
화중왕인 모란을 떼거리로 거느린
은행나무 유주가 자존심 하나는 대단하지

모르는 사이이면
그냥 지나쳐도 되지만
모르는 사이가 아니면
그냥 지나치지 못하지

* 유주乳柱 : '젖기둥'이라는 뜻이다. 생김새가 여인네의 젖가슴과 닮았다고 해서 붙여진 이름이다. 나뭇가지에서 땅 쪽으로 발달한 돌기이다.

까치

– 영랑생가 사랑채 앞 은행나무

은행나무 우듬지에 둥지를 튼 까치는
음유시인이다

낯선 사람을 만나면
더 요란스럽게 시를 읊는다

시만 읊지 않으면
어디 가서
대접받을 텐데

직박구리 시인이
기氣가 죽을 정도로
자작시를 바로 뱉어 내는 까치는
음유시인이다

시 가지고 유세를 부리지만 않으면
어디 가서
대접받을 텐데

밥이 되지 않는 시를
아무 데서나
아무 때나 읊는
음유시인이다

듣는 이
없어도,
있어도

단풍

– 영랑생가 입구에서

들통나리라고
추호도 생각 못했단 말인가

어디 한 군데 마실 나가지 않고
제자리에 서서
해와 달, 별빛을 챙기다니

초록이 불만을 토해 내지 않을 만큼
적당히 챙길 일이지
감당 못할 만큼 챙겨
들통나다니

세상에, 욕심도 많지
빈 구석 하나 없이
초록을 몰아내고
해와 달, 별빛을 챙기다니

결국은

해와 달, 별빛의 무게에
제 손을 놓을 운명에 처하다니

결과가 이리 되리라고
전혀 계산하지 않았단 말인가

피아노가 있던 방

영랑생가 사랑채에게
장기를 배운 건
내 친구 길례 덕분이었다

사랑채가 나에게
장기를 가르치는 동안
어디선가
피아노 소리가 흘러나왔다

영랑 시인의 바통을 받은
양병환 목사 딸에게
안채가
피아노를 가르친 것이다

사십칠 년 전의
피아노 소리를 불러내는 나를
은행나무가
살구나무가

멀뚱멀뚱 쳐다본다

사랑채에게 내가
장기를 배울 때에
안채에게 피아노를 배운 이는
지금 어디에서 무엇을 하고 있을까

피아노가 있던 방의
마루에 앉아
추억의 족자를 펼쳐 본다

좀도리

– 영랑생가 장꽝

'오–메 단풍 들것네' 시비를 가까이 둔
영랑생가 장꽝에서 만난
좀도리가
나를 붙들고 놓아주질 않아야

비록 연출일지라도
물구나무 선 항아리들과 더불어
좀도리가 나를 붙들고
그때 그 시절의 이야기를 들려주다니

땔나무로
왕겨로
보릿고개를 넘긴 좀도리가
일제강점기 궁핍한 시절의 이야기를 들려줘야

검정고무신으로
흰고무신으로
동지섣달을 넘긴 좀도리가

육·이오 전후 궁핍한 시절의 이야기를 들려줘야

'오-메 단풍 들것네' 시비를 가까이 둔
영랑생가 장꽝에서 만난
좀도리가
나를 붙들고 놓아주질 않아야

* 좀도리 : 전라도 방언으로 절미節米를 뜻한다. 쌀독에서 쌀을 퍼낼 때 한 옴큼씩 덜어서 조그만 항아리에 모아 두는 일이 좀도리이다. 이 시에서 좀도리는 좀도리용 항아리이다.

숲길을 걷다가

달빛에 신세지며
숲길을 걷는데
내 마음을 따라다니는
두 편의 詩

– 숲 향기 숨길을 가로막았소
발끝에 구슬이 깨이어지고
달 따라 들길을 걸어 다니다
하룻밤 여름을 세워 버렸소

– 가다가 못다 가고
산에 걸린 새벽 달 밑

이슬 맺힌 숲길 속에
은방울 벌레 소리

아예 다칠까 봐
발길 조심 내딛노라

달빛에 신세지며
돌아오는 길에도
내 마음을 떠나지 않는
두 편의 詩

* 앞에 시는 영랑의 시 「숲 향기 숨길을 가로막았소」이고 뒤에 시는 현구의 시 「숲길」이다.

세계모란공원

들길은 마을에 들자 붉어지고
마을 골목은 들로 내려서자 푸르러진다고
영랑이 노래한 산마을이
그대가 되었지

홍준이 집 자리에
종훈이 집 자리에
광식이 집 자리에
화중왕인 모란이 둥지 틀게 하다니

모란이 지고 말면 그뿐 내 한 해는 다 가고 말아
삼백예순 날 하냥 섭섭해 우옵내다,
노래한 영랑이 다시는 섭섭해 울지 않도록
사철 내내 모란을 돌아가면서 불러내다니

먼 데 가지 말고 가까운 데에서
여러 곳에서 말고 한 곳에서
화중왕인 모란을 만나라고

세계 곳곳의 모란을 초대하다니

필 때 피고 질 때 져야 하거늘
화중왕인 모란이
사철 교대로 피워 있으니
새들도 정신이 없는 것을

들길은 마을에 들자 붉어지고
마을 골목은 들로 내려서자 푸르러진다고
영랑이 노래한 산마을이
그대가 되었지

* 들길은 마을에 들자 붉어지고/마을 골목은 들로 내려서자 푸르러진다 –「오월」
* 모란이 지고 말면 그뿐 내 한 해는 다 가고 말아/삼백예순 날 섭섭해 울 테에요 –「모란이 피기까지는」
* '세계모란공원'은 지금 진행 중이다.

제3부 금릉팔경

금사효무金沙曉霧

노는 물에 따라
삶이 달라지는 것을
안개가
일찍 깨우쳤단 말인가

그것이
상징일지라도
은사 아닌
금사金沙와 어울리다니

은사와 놀면
은빛으로 물들고
금사와 놀면
금빛으로 물드는 것을

한나절도 아닌
한순간을 살다 가더라도
최고인 것을

가까이하다니

삶이
노는 물에 달려 있다는 것을
안개가
일찍 깨우쳤단 말인가

금강명탄錦江鳴灘

소리 나지 않는 것은
고인 것이요
죽은 것이요

강이
소리 내는 것은
흥興이 난 거지

흥이 깨진 강이
소리 내는 것은
살아 숨 쉬고 있다는 것이지

바다가
한 마리 짐승이듯이
강江도 짐승이지

바다로 가는 길이
두려운 강은

머뭇거리기도 하지

소리 나지 않는 것은
썩은 것이요
죽은 것이요

고암모종高庵暮鍾

중생 제도하러 가는 길에
세상 구경도 하는 것을
제 손끝 하나 대지 않고
당목으로 제 몸을 때리게 하여
요니의 바다, 강진만의 자식들
죽섬, 가우도, 비래도, 까막섬
심지어 장도까지 만나는 것을
어둠 속에 갇히기 시작하는
강진의 산하山河를 위무하는 것을
가까이는 고성골 방죽에서
멀리는 천계산 아래 정수사까지
강진만의 자식들 만나기 전에
가는 길에 옥련사도 들르고
산 너머 백련사도 들르고
탐진치를 모르고서
탐진치를 버릴 수 없기에
중생 제도하는 김에
세상을 배우기도 하는 것을

구강어화九江漁火

어부의 눈인
바다의 불빛들은
어둠이 낳은 것을

달과
별들을
어둠이 낳듯이

내도
강도 아닌 바다가
불빛의 요람인 것을

불빛은
제 몸을 때리는
바다에서 태어난 것을

갓 태어난
달과 별들이
지켜보는 가운데

만덕청람萬德晴嵐

저 산의
아지랑이가
저절로 태어난 게 아니지

무엇이든
인과의 법칙을
벗어나지 못하는 걸

산山 절로
수水 절로는
말일 뿐일 것을

저 산이 뭔 산인가
백련사를 낳은
만덕산이 아닌가

반반한
저 아지랑이를

누가 낳았는가

백련사와
아지랑이는
한 형제가 틀임없지

서산낙조瑞山落照

내 앞에서
진달랫빛으로
홍싯빛으로
치잣빛으로
능소홧빛으로
이따금
변신을 일삼는 것을

아니면
사삭스런
내 마음이
변신을 일삼나

옛 노래 속
청풍강 위에서 떼 지어 노닐던
갈까마귀는 돌아오지 않으나
신학산이 둥지인 해는
예나 지금이나

변함이 없어야

버버리깎음도
바라보며
입 벌리는 것을

죽도귀범竹島歸帆

먼 바다든
가까운 바다든
나갔다가 돌아오는 길에
죽도와 눈이 마주치면
마음이 놓이지

나가는 길에
가슴 졸이던 갯벌의 갈대들도
죽섬 앞
돌아오는 범선들을 보고
온몸으로 반기지

해와 달이
바통을 주고받기 직전에
햇무리를 배경으로
돌아오는 범선을 보면
주변의 산들도 마음이 놓이는 걸

가까운 바다든
먼 바다든
나갔다가 돌아오는 길에
죽도와 눈이 마주쳐야
마음이 놓이지

파산제월琶山齊月

한두 번 겪은 것도
아니면서
달이 떨어질까 봐
구름이 안절부절 못한다며

달이 차오를 때는
아무런 내색 않는 구름이
달이 기울 때는
정신을 못 차린다며

눈에 띄지 않으면
걱정하지 않을 일도
눈에 띄면
걱정하기 마련이나

오늘은
달이 기울지도 않는데
껴안고
무슨 짓을 하는지

제4부 죽섬이 외박을 하다

그리운 강진만

그 많은 갈대들이 사라진 뒤에도
길 잃지 않은
고니 떼가 찾아와
군무를 즐기고 있으리

강진만이 낳은 자식 중에
가장 반반한
조선왕조 오백 년에 출연한 적이 있는 죽섬은
자존심을 구긴 채
고니 떼의 군무에 넋을 잃고 있으리

날개를 달아 줘도 날 생각 않는
날개를 접을 생각도 않는
가우도는
장차 날으려고
장고에 들어갔으리

덩치는 작아도

전설의 섬인 비래도는
슬픔을 되새김질하느라
여전히 웅크리고 있겠지

우애 깊은
이란성 쌍둥이인 까막섬은
육지에 둥지를 틀 꿈을 접고
바다의 고삐를 조였다,
늦췄다 하고 있으리

죽섬

여명의 눈동자가
바로
그대인 것을

강진만이
반반한
자식들 많이 두었지만

그중에서도
가장 반반한 자식이
바로
그대인 것을

고니 떼도
그대를 만나려고
강진만에
돌아오는 것을

그대가
눈을 뜨면
강진의
아침이 오고

그대가
눈을 감으면
강진의
밤이 오는 것을

여명의 눈동자가
그대인 것을,
바로

죽섬

늦둥이 죽섬이
氣가 살아날 수밖에

가우도,
비래도,
까막섬 형들이
뒤에서 딱 버티고 있으니

어느 놈이
늦둥이 죽섬에게 시비 걸었다간
가우도,
비래도,
까막섬 형들이
첨벙첨벙 다가와
작살을 낼 것이니

멀지 않은 곳에서
백련사 만경루가

다산초당 천일각이
지켜보고 있으니

늦둥이 죽섬이
저리 당당할 수밖에

죽섬이 외박을 하다

거만하다 욕먹는
죽섬이 외박을 한다는 걸
누가
상상이나 하겠는가

죽섬의 몸뚱이가
그냥 그 자리에
못 박힌 듯이 있으니
누가 그걸 알아차리겠는가

죽섬이
바다 건너 주작과 덕룡과
다산초당의 천일각과
백련사의 만경루와
눈빛을 주고받는 것이야
내가 말릴 일은 아니지만

죽섬의 알맹이가 빠져나와

청자박물관에 마실 나왔다가
돌아가는 게 아니라
외박을 한다니
실망할 이들이 한둘이 아니지

죽섬이
다산명가 황토방에서
외박을 하며
기를 보충하고 다닌다는데
나만 모르고 있었으니

거만하다 욕먹는
죽섬이 외박을 한다는 걸
감히
상상이나 하겠는가

가우도

머지않아
가우도도
비래도 전설 못지않은
전설을 낳겠지

가우도와
눈빛이 마주쳤다하면
다들 가우도를
잊지 못하니

전설을 낳은
가장 덩치 작은
비래도마저
하염없이 쳐다보고 있으니

심지어
백련사 만경루도
감시하듯

지켜보고 있으니

머지않아
가우도가
전설을 낳는다는 건
불을 보듯 뻔하지

섬

– 파도의 말

세상에서
가장 비장한 섬,
죽어도

죽어도 다음으로
세상에서 가장 비장한 섬,
굶어도

어쩔 수 없이
다시 만나야 하는 섬,
미워도

비래도飛來島

굶어도
비래도는
손 벌리지 않는다

형인 큰까막섬, 작은까막섬과
아우들
가우도와 죽도
다들 잘 살아도
손 내밀지 않는다

사실
궁핍해도 태를 내지 않기에
형제들이
눈치채질 못한다

죽어도
비래도는
손 벌리지 않는다

까막섬

까막섬이라해서
백련사 만경루의
손바닥을
벗어날 수 있겠는가

더욱
까막섬의 체취가
천지를 진동하기에
다들 코를 킁킁거리는데
백련사 만경루라고 예외일 리가

백련사 만경루가
신경 쓰지 않아도
바로 눈에 띌
까막섬인 것을

아무리
잘 빠진 까막섬이라도

민낯으로
세상을 맞이할 수는 없지

저물어 다들 신경을 끈 시간에도
달빛과 별빛들이 코를 킁킁거리니
까막섬이
신경 쓰지 않을 수 없지

섬들

우두봉과 구강포가 함께하여
섬들을 낳았다

큰까막섬,
작은까막섬,
비래도,
가우도,
죽섬

어깨가 우람한 가우도만
우두봉을 빼다 박았다

큰까막섬,
작은까막섬,
비래도,
죽섬은
누굴 닮았나

반반한 자식들 둔
우두봉은
마음이 든든하다

별 다른 일 없었음에도
구강포의
고민이 깊다

밀물펜션

뒷산 왜가리 울음이
앞바다 갈매기 울음이
때론 기러기 울음이
펜션이
비어 있는 날은
숙박을 하지

왜가리 울음도
갈매기 울음도
기러기 울음도
다 생음악인 걸

취사야
함께할 수 없지만
숙박은
사람들에게 얹혀 하기도 하지

사람들은

유상으로 숙박하지만
왜가리 울음은
갈매기 울음은
기러기 울음은
무상으로 숙박하지

비행운

– 강진만에서

1

무
얼
그
리
열
심
히
흘
리
고
다
니
는
지
칠
칠

맞
게

2

누
군
가
하
늘
에
쏜
화
살
이
적
중
하

여
하
늘
이
흘
리
는
하
얀
피

저두맛집 문화해설사

에스라인 마량길을
밀물, 썰물처럼 오르내리다가
저두맛집을 찾아오는
사람들을 위하여
저두맛집은
구강포에 대하여 문화해설사가 되어야 하리

저 구강포가 우두봉과 함께하여 낳은
자식들인
죽도, 가우도, 비래도, 홀애비섬,
외호도, 내호도, 까막섬, 복섬을 비롯하여
고금도, 신지도, 약산도, 장도까지 알아야 하리

비래도와 까막섬의 전설은 물론이고
저 구강포가
유당酉堂 김노경金魯敬을
고금도로
원교 이광사를

손암 정약전을
신지도로 데려가고 데려온 것을
알아야 하리

조선 최초의 불란서 유학생으로
춘향전, 심청전, 직성행년편람을 프랑스어로 번역한
김옥균을
상하이에서 암살한 홍종우가
무슨 사연인지
소싯적 고금도에서 불우한 삶을 살았다고
매천야록이
대한제국 비서원 일기가 전하는 것도
알고 있어야지

그 옛날 임진왜란이
바로 도자기 전쟁인 것을
구강포로 침투한 왜적들이
도자기를 욕심내

용운리의
도공들을 납치해 간 것을
알아야 하리

가우도 출렁다리 코앞에 둥지 튼
저두맛집을 만나러 오는
사람들을 위하여
저두맛집은
구강포에 대하여 문화해설사가 되어야 하리

김재석

1955년 전남 강진에서 태어나 1982년 전남대학교 영문과를 졸업하고 2002년 목포대학교 국문과 박사과정을 수료했다. 1990년 『세계의문학』에 시로 등단했으며 2008년 유심신인문학상 시조부문(필명 김해인)에 당선했다. 시집으로 『까마귀』, 『샤롯데모텔에서 달과 자고 싶다』, 『기념사진』, 『헤밍웨이』, 『달에게 보내는 연서』, 『목포자연사박물관』, 『백련사 앞마당의 백일홍을』, 『강진』, 『조롱박꽃 핀 동문매반가』, 『목포』, 『강진시문학파기념관』, 『무위사 가는 길』, 『그리운 백련사』, 『마량미항』, 『당당한 영랑생가』, 『그리운 강진만』, 번역서로 『즐거운 생태학 교실』 시조집으로 『내 마음의 적소, 동암』, 『이화』, 『별들의 사원』, 『별들을 호린다고 저 달을 참수하면』, 『고장난 뻐꾸기』, 『큰개불알풀』, 『다산』, 『만경루에 기대어』, 『구강포』가 있다. 목포 마리아회 고등학교에서 영어교사로 삼십 년간의 교직 생활을 마치고 전업시인으로 활동하고 있다.

e-mail | crow4u@hanmail.net

모란을 위하여

초판1쇄 찍은 날 | 2015년 6월 17일
초판1쇄 펴낸 날 | 2015년 6월 25일

지은이 | 김재석
펴낸이 | 송광룡
펴낸곳 | 문학들
등록 | 2005년 8월 24일 제2005 1-2호
주소 | 501-841 광주광역시 동구 천변우로 487(학동) 2층
전화 | 062-651-6968
팩스 | 062-651-9690
전자우편 | munhakdle@hanmail.net

ⓒ 김재석 2015
ISBN 978-89-86530-07-0 03810

· 잘못된 책은 바꿔드립니다.
· 이 책 내용의 전부 또는 일부를 재사용하려면
반드시 저작권자와 문학들의 동의를 받아야 합니다.
· 책값은 뒤표지에 표시되어 있습니다.